RECHERCHES

SUR

LES MOYENS DE REMPLACER

LA FEUILLE DU MURIER

PAR UNE AUTRE SUBSTANCE

PROPRE AU VER A SOIE,

ET SUR

L'EMPLOI DU RÉSIDU DES COCONS COMME ENGRAIS;

PAR MATTHIEU BONAFOUS,

Membre-Correspondant de la Société royale et centrale d'Agriculture de Paris, Directeur du Jardin royal d'Agriculture de Turin, etc.

Mémoire lu à la Société royale et centrale d'Agriculture de Paris, dans sa séance du 21 décembre 1825.

A PARIS,

CHEZ

MADAME HUZARD, Libraire, rue de l'Éperon, n°. 7.

A LYON,

BARRET, Libraire, place des Terreaux, n°s. 19 et 20.
BOHAIRE, Libraire, rue du Puits-Gaillot, n°. 9.

1826.

(Extrait des *Mémoires de la Société royale et centrale d'Agriculture*, année 1826.)

RECHERCHES

Sur les moyens de remplacer la Feuille du Murier par une autre substance propre au ver à soie, et sur l'emploi du résidu des cocons comme engrais;

PAR M. MATTHIEU BONAFOUS,

Membre-Correspondant de la Société royale et centrale d'Agriculture de Paris, Directeur du Jardin royal d'Agriculture de Turin , etc.

Mémoire lu à la Société royale et centrale d'Agriculture de Paris , dans sa séance du 21 décembre 1825.

MESSIEURS,

En 1823, je remis à la Société un *Mémoire* sur une éducation de vers à soie (1), dans lequel je

---

(1) *Mémoire sur une éducation de vers à soie* , imprimé par ordre de la Société d'Agriculture du département du Rhône. Lyon , 1823 , chez *J.-M. Barret*, et réimprimé dans les *Annales de l'Agriculture française* de MM. *Tessier* et *Bosc,* t. XXII, p. 35 et suivantes.

fis connaître, jour par jour, la température des ateliers où j'avais fait mes expériences, et leur disposition, ainsi que l'état de l'atmosphère, le choix de la feuille, le nombre des repas et la quantité de nourriture appropriés aux différens âges, le renouvellement de l'air, les fumigations, le délitement des insectes et l'établissement des haies pour les faire monter. Vous jugeâtes ces indications assez utiles pour conseiller, vous-mêmes, aux cultivateurs de les appliquer aux circonstances particulières dans lesquelles ils avaient à opérer, en les modifiant selon les lieux, les quantités de vers à élever et les moyens d'exécution. Dès-lors, je m'estimai heureux d'avoir pu concourir avec vous aux progrès d'une industrie qui présente de si grandes ressources à l'agriculture.

Les résultats que j'ai obtenus, depuis cette époque, en pratiquant rigoureusement les mêmes méthodes, ont répondu aussi parfaitement à mes soins que ceux que je vous fis connaître; je m'abstiendrai de vous en entretenir ici (1), et je me permettrai de dire avec l'estimable

---

(1) Ayant obtenu de moins de dix livres de feuilles une livre de cocons valant 24 sous moins les frais, un

M. *Camille Beauvais* (1), que les principes que j'ai développés sont tellement sûrs, qu'ils peuvent être adoptés dans toutes les localités tempérées, et qu'exactement suivis, ils dédommageront toujours l'agriculteur des avances qu'il aura faites.

Aujourd'hui je me bornerai à vous communiquer les recherches que j'ai commencées pour découvrir une *succédanée* à la feuille du mûrier, et je terminerai ce travail par quelques détails sur les diverses manières dont les Italiens emploient le résidu des cocons, après que la soie en a été retirée, comme un des engrais les plus actifs que l'on puisse fournir à la terre.

Déjà la Société d'Encouragement, qui provoque en France tant d'utiles découvertes, avait senti qu'il fallait rechercher une substance naturelle ou composée, propre à remplacer la feuille du mûrier, afin de pouvoir élever les vers à soie dans les contrées où cet arbre ne

---

mûrier, qui ne produirait que soixante-quinze livres de feuilles, donnerait un revenu de 9 francs, soit environ deux sous et demi par livre.

(1) *Essai sur quelques branches de l'industrie française.* Paris, 1825.

*

peut prospérer, et pour parer au malheur dont les pays méridionaux ne sont pas exempts, lorsque des gelées tardives détériorent assez les feuilles pour empêcher de les employer à la nourriture de ces insectes. Tel fut le sujet d'un prix que cette Société proposa en 1819, et qu'elle retira du concours deux années après, sans avoir pu acquérir la solution de ce problème.

Je ne connais point tous les essais qui auront été tentés pour répondre à un appel qu'il eût fallu, peut-être, réitérer encore.

Un concurrent se présenta en 1819 : il indiqua la luzerne et la pomme de terre cuite, il établit des calculs pour prouver l'économie de leur usage; mais pour en montrer la propriété relativement à la nourriture du ver à soie, il ne s'appuya que sur des analogies tirées de loin, et avoua n'avoir fait lui-même aucune expérience, en sorte que, sur des renseignemens aussi vagues, le Comité d'agriculture ne crut pas à propos d'en entreprendre.

En 1821, un nouveau compétiteur annonça qu'après avoir essayé les feuilles du tilleul, du platane, du châtaignier, de l'orme, de la vigne, de l'épine-vinette, du framboisier, de la laitue, de la pomme de terre et des épinards, il avait reconnu qu'aucune d'elles ne pouvait convenir, et que s'il est vrai que la laitue soit du goût des vers à soie, il ne l'est pas moins que si on les en nourrit exclusivement pendant huit jours, ils périssent de la dyssenterie; qu'enfin ils mangent aussi de la feuille de châtaignier, mais qu'il est rare alors qu'ils vivent plus de quatre jours.

Dans le *Bulletin universel des sciences et de l'industrie*, de M. *de Férussac*(1), où l'on trouve un si grand nombre de notions précieuses, on lit que M. *Burgsdorf* a reconnu que le vers à soie mange avec autant d'appétit la feuille de l'érable de Tartarie(*Acer tartaricum*, L.) que celle du mûrier et qu'il la préfère même. C'est aussi ce que rapporte *Pallas* dans les nouveaux voyages qu'il fit en 1793 et 1794, dans les gouvernemens méridionaux de l'empire de Russie.

Dans la séance de l'Institut de Milan, du 5 août 1824, M. le professeur *Carminati* démontra que les feuilles de la ronce commune pouvaient entretenir la vie du vers à soie jusqu'à la deuxième mue, mais qu'elles ne pouvaient point lui faire produire le fil nécessaire à la

-----

(1) Section des *Sciences agricoles*, avril 1822, p. 226,

formation du cocon. Enfin nous avons lu pareillement que M. *d'Aine*, intendant de la Touraine, dans une séance publique de la Société de Tours en 1789, donna lecture d'un Mémoire où on rapporte qu'une personne, après avoir essayé infructueusement de nourrir des vers à soie avec de la laitue, imagina de leur donner des feuilles de pissenlit (*Leontodon taraxacum*, L.), qu'il continua à les alimenter ainsi jusqu'à la quatrième mue, et qu'alors il leur substitua la feuille du mûrier, sans que ce changement de nourriture ait empêché les insectes de filer leur soie.

Tels sont les renseignemens que j'ai pu recueillir sur les tentatives faites, à diverses époques, dans différens pays et par plusieurs observateurs; mais avant d'examiner avec exactitude jusqu'à quel point ces différens végétaux peuvent convenir au ver à soie, mon premier soin fut de rechercher d'abord si des feuilles provenant d'arbustes ou de plantes de la famille naturelle des *urticées*, à laquelle appartient le genre *mûrier*, pouvaient fournir au ver fileur une nourriture analogue à la feuille du mûrier, et propre à la production de la soie: ainsi j'essayai de nourrir mes vers avec des feuilles d'ortie, de pariétaire, de chanvre, de houblon et de figuier, et bientôt l'expérience, qui souvent déconcerte les théories les mieux fondées en apparence, me fit connaître qu'aucune de ces plantes n'était du goût de nos insectes, quoiqu'ils n'eussent pas encore goûté des feuilles du mûrier. Ce mauvais succès ne fit d'ailleurs que confirmer l'opinion où nous sommes que les propriétés des végétaux se reconnaissent difficilement à l'inspection de leurs caractères, et que s'il est quelquefois vrai que ceux qui ont des ressemblances extérieures d'organisation, en conservent dans les principes immédiats qui les composent, il est toujours plus vrai de dire que l'étude des affinités ou des familles naturelles peut faire présumer les propriétés d'une plante, mais que la chimie ou l'emploi de cette plante peuvent seuls en donner la certitude.

Plusieurs années auparavant, j'avais essayé la feuille du *Broussonetie* ou mûrier à papier (*Broussonetia papyrifera*, W.), que l'on a séparé du genre *mûrier*, mais qui est aussi de la famille des orties, et j'avais reconnu qu'il fallait que les insectes eussent atteint le cinquième âge pour avoir la force de ronger cette feuille ; l'observation que j'ai faite que cet arbre n'a point résisté aux gelées tardives de 1824, 1825 et d'autres années antérieures, qui ont frappé nos plantations de mûriers, m'a dissuadé de faire de nouvelles expériences.

Enfin, j'essayai de donner à d'autres vers à soie, non-seulement toutes les différentes plantes que j'ai eu occasion de mentionner plus haut, mais un grand nombre d'autres encore parmi celles que je cultive dans le Jardin royal d'agriculture, et que je me dispense d'énumérer, parce que si les vers en ont mangé quelques-unes, telles que la feuille de l'épine blanche, du rosier, de la laitue, du pissenlit, de l'orme, etc., avec ces sortes d'alimens ils ont végété d'une manière si languissante, que les feuilles du mûrier ne les ont point refaits de leur malaise. Une seule des plantes que nous avons cueillies au hasard, m'a paru mériter quelque attention, c'est la cameline (*myagrum sativum*, L.) plante annuelle, indigène à presque toute l'Europe, de la famille des crucifères, et que l'on cultive dans plusieurs coutrées pour retirer de ses graines une huile fort bonne à brûler. Ses tiges, hautes d'un à deux pieds, portent des feuilles amplexicaules, oblongues, tendres, un peu velues et à dentelures courtes et distantes; les fleurs sont jaunes et disposées en panicules; les siliques, renflées, à deux loges, renferment plusieurs semences petites et ovales.

A l'aide de cette plante très-connue, un petit nombre de vers à soie *ont vécu pendant seize jours*, après lesquels ils ont péri, à l'exception de quelques - uns d'entre eux, auxquels on fit manger, dès-lors, de la feuille de mûrier; elle leur donna plus de force, et en mit plusieurs dans le cas de former un assez bon cocon.

Nous nous proposons de renouveler, avec le plus grand soin, ce premier essai, et nous aurons une véritable reconnaissance pour les cultivateurs qui voudront nous aider de leur coopération, en le répétant avec cette persévérance sans laquelle on réussit difficilement, et en multipliant leurs observations sur un grand nombre d'autres végétaux. S'ils considèrent que la cameline végète fort bien dans les terrains les plus médiocres, sous presque toutes les températures, et que, parvenant à maturité dans moins de trois mois, elle peut être en pleine végétation à l'époque la plus favorable à l'éducation du ver à soie; qu'on peut facilement en faire une seconde récolte; ils auront raison de croire que ce serait une acquisition précieuse, si elle pouvait subvenir momentanément à la nourriture du ver à soie dans le cas de gelées tardives, jusqu'à la pousse de nouvelles feuilles. On ne serait pas obligé, faute d'aliment, de jeter les vers éclos, et d'acheter une seconde graine devenue rare et fort chère.

Ici se bornent les recherches que j'ai faites cette année pour découvrir les moyens de remplacer le mûrier par une autre plante ; et en reconnaissant qu'à peine j'ai approché du but que je me proposais, je donnerai l'analyse que j'ai faite de la feuille du mûrier blanc , afin que, n'ignorant pas les matériaux immédiats qui la composent, on puisse partir de cette base pour rechercher si parmi un grand nombre de végétaux qui ont été analysés ou parmi ceux qui pourront l'être, il n'en est point qui présente les mêmes élémens nécessaires pour fournir à l'insecte une substance sucrée, qui paraît servir à sa nourriture, et une matière résineuse, qui sert évidemment à la formation de la soie.

Les feuilles, bouillies pendant un temps suffisant avec l'eau, m'ont donné une liqueur légèrement colorée en vert, très-peu sapide ; cette dissolution, évaporée à siccité, a laissé une matière verdâtre, qui, par le moyen de l'alcool concentré, s'est séparée en deux parties ; l'alcool s'est coloré en vert, et la matière résidue s'agglomérait facilement.

Ayant fait dissoudre de nouveau cette substance dans l'eau, j'ai versé dans la liqueur un petit
excès de dissolution de sous-acétate de plomb :
il s'est formé alors un précipité blanc jaunâtre ;
la liqueur a conservé une légère couleur jaune :
traitée par l'hydrogène sulfuré, filtrée et évaporée, cette liqueur a laissé un résidu brun, légèrement sucré, attirant l'humidité de l'air, soluble dans la potasse concentrée, d'où les acides
ne le précipitaient pas, l'acide nitrique à chaud
le transformant en acide oxalique.

Le précipité obtenu avec l'acétate de plomb,
étant décomposé par l'hydrogène sulfuré, a
donné une matière brunâtre, soluble dans l'eau,
très-légèrement sapide, formant un léger mu-
cilage avec l'eau, insoluble dans l'alcool, et
donnant de l'acide mucique lorsqu'on la trai-
tait par l'acide nitrique.

La liqueur alcoolique évaporée, j'ai traité le
résidu par l'éther sulfurique, lequel a dissous
une portion de la substance en se colorant en
vert, et cette dissolution, évaporée spontané-
ment, a laissé une matière grasse de couleur
vert jaunâtre, insipide, soluble dans l'alcool, ta-
chant le papier et facilement fusible par la chaleur.

Le résidu du traitement par l'éther était
légèrement coloré en vert, d'une saveur dou-

ceâtre, attirant l'humidité de l'air. L'acétate de plomb y a formé un précipité jaune foncé, qui, après avoir été décomposé par l'hydrogène sulfuré, a donné une substance brunâtre, insipide, soluble dans l'alcool, précipitable par l'eau de cette dissolution, brûlant assez vivement sur des charbons incandescens, soluble dans la potasse.

Enfin la liqueur qui avait été précipitée par l'acétate de plomb, traitée par l'hydrogène sulfuré, et évaporée, laissa une matière jaunâtre, soluble par la potasse, brûlant sur des charbons avec scintillation, et donnant, par l'acide nitrique, de l'amer de Welther.

Ainsi je me bornerai à conclure que l'analyse de la feuille du mûrier blanc, par le traitement auquel je l'ai soumise, ne nous prouve autre chose que la présence : 1°. d'une matière grasse; 2°. d'une substance résineuse; 3°. de la gomme; 4°. d'un peu de sucre; 5°. et de matière extractive; principes qui varient en proportions, suivant les variétés, les terrains, les saisons et les soins de culture.

Or, je ne crois pas m'égarer dans une théorie chimérique, en avançant que la solution du problème qui nous occupe est réservée à celui qui, aidé par les secours de la chimie, trouvera

une substance identique à la feuille du mûrier
sous le rapport de ses principes et non sous celui de ses organes.

J'ai même la confiance que ces recherches se-
ront continuées par d'autres, et que le temps
approche sans doute, où, les botanistes n'ayant
plus un grand nombre de plantes à découvrir,
l'esprit observateur qui caractérise l'époque
actuelle pourra se diriger plus particulièrement
sur l'application des végétaux à notre industrie
agricole.

Il me reste maintenant, Messieurs, à vous
donner un aperçu des diverses manières dont
on emploie en Italie une substance si avanta-
tageuse à la fertilité des terres, qu'elle mérite
toute l'attention des cultivateurs; je veux parler
des chrysalides des vers, ou du résidu des
cocons après le tirage de la soie.

Tandis que dans quelques pays, tels que le
Crémonais, le Véronèse, le Vicentin, et autres,
on ne fait aucun cas de la larve du ver à soie
qui est misé à nu par la filature, dans plusieurs
endroits on la regarde au contraire comme un
engrais précieux.

Dans le pays de Brescia, on emploie ces larves
de la manière suivante : les cultivateurs portent

dans l'endroit où ils veulent les déposer, une certaine quantité de terre argileuse et forment des couches alternatives de terre et de chrysalides, en ajoutant encore à ces matières l'eau des bassines dans lesquelles on a tiré la soie; quelques mois après, ils donnent cet engrais aux prairies naturelles ou artificielles, sur lesquelles ils en répandent de quinze à trente chars par hectare; ils ne font d'ailleurs aucune distinction de terrain. Cependant, comme l'observe le comte *Ré*, à qui nous devons ces détails (1), l'addition de l'argile semblerait faire préférer ce mélange pour les prairies sèches.

Dans le Frioul, on emploie les chrysalides seules, après les avoir laissées fermenter en masse dans une fosse; on ne prend pas un grand soin de les donner à un fonds plutôt qu'à un autre; cependant on les destine plus volontiers aux terres compactes et humides, et cette substance est réservée pour les champs où l'on sème du maïs précoce, ou pour les jardins potagers.

Dans la Romagne, on mêle les chrysalides à la masse des fumiers, comme on le pratique dans le midi de la France, ou bien on les fait

____

(1) *De' letami. Saggio del conte Filippo Re.* 2e. édit. Milan , 1815.

décomposer seules, et on les emploie indistinc-
ment sur tous les terrains et pour toute espèce
de culture.

Dans le territoire Bolonais, on en fait un
grand usage et on les vend très-cher; c'est sur-
tout lorsque les chrysalides ne sont pas encore
converties en poussière par l'effet de la vétus-
té, qu'il est avantageux d'en faire le commerce:
elles valent alors jusqu'à huit francs l'hectolitre.
Durant le cours de l'été, on les laisse sécher en
plein air, ensuite on les répand en automne
sur les chenevières, et on les enfouit à la bêche.
On en met environ trente hectolitres par hectare, ce qui n'est pas la manière de fumer la
plus économique : aussi le prix de cet engrais
empêche-t-il beaucoup de cultivateurs d'en faire
usage. Les maraîchers s'en servent pour fumer
le terrain où ils ont l'intention de planter au
printemps des choux-fleurs et du fenouil; mais
ils ne l'achètent pas sans choix : ils donnent la
préférence aux chrysalides qui sont les plus
sèches, et qui, broyées entre les mains, se pul-
vérisent plus aisément. Ils n'en mettent du
reste que la moitié de la quantité indiquée ci-
dessus.

En Toscane, on sèche les chrysalides, on les
réduit en poussière, ou au moins en très-petites

parties, et ensuite on les vend aux Bolonais. Les Bergamasques, plus industrieux, après les avoir réduites en poudre, y mêlent deux tiers de cendre, et les répandent sur leurs champs immédiatement avant qu'ils soient labourés, ou lorsqu'ils sont tout au plus préparés pour les semailles ; ils trouvent que cet engrais convient, comme nous l'avons dit plus haut, aux terres à base argileuse.

A Viadana, dans le Mantouan, lorsqu'on veut avoir de bons céleris et de beaux choux pommés, on saupoudre les jeunes plantes avec cet engrais.

Dans le Novarais, les jardiniers sont dans l'usage de fumer le céleri avec les chrysalides, parce qu'ils pensent que cette matière a aussi la propriété d'éloigner les courtilières, qui sont le fléau des jardins.

Il faut pourtant avertir les cultivateurs, en leur proposant ces différens procédés, et c'est par cette observation que nous acheverons ce Mémoire, que les plantes venues dans un terrain amendé avec cette substance, sont sujettes à en conserver la mauvaise odeur, indépendamment du danger d'être desséchées, auquel sont exposées celles qui se trouveraient en contact immédiat avec cet engrais. Le procédé qui nous paraît le plus propre pour prévenir ces inconvéniens, est celui que nous suggère notre savant collègue, le professeur *Giobert*, dans son traité classique sur les engrais (1). Il consiste à déposer les chrysalides dans une fosse, à les briser ensuite par un moyen quelconque, et à verser de l'eau dessus; on forme, après cela, des couches alternatives de terre et de chrysalides; la fermentation s'y établit, et, environ deux mois après, lorsqu'on reconnaît que la décomposition est suffisamment avancée, on démonte les couches, on mêle toutes ces substances, on les expose au soleil, et bientôt elles produisent un fort bon terreau que l'on peut répandre, sans aucune crainte, dans les jardins, les prairies, les champs, ou au pied des mûriers et autres arbres dont la végétation est languissante.

On ne saurait donc trop conseiller l'usage de cette substance, laquelle a l'avantage de présenter aux plantes un engrais qui est tout-à-la-fois nutritif, en ce qu'il leur fournit des prin-

---

(1) *Ricerche chimiche ed agronomiche intorno agl' ingrassi*, ouvrage inséré dans les *Mémoires de la Société royale d'Agriculture de Turin* de 1790.

cipes assimilables, et stimulant, en ce que l'ammoniaque qu'il renferme (1), excite la végétation, tandis que la vertu trop irritante de cet alcali se trouve tempérée par sa combinaison avec l'acide carbonique et les matières animales.

-----

(1) M. le comte *Chaptal* ayant distillé ces larves, n'a trouvé jusqu'ici aucune matière qui lui ait fourni autant d'ammoniaque. (*Chimie appliquée à l'agriculture*, t. I, p. 136.)

Imprimerie de Madame HUZARD (née VALLAT LA CHAPELLE), rue de l'Eperon, n°. 7.